图书在版编目（CIP）数据

艾特熊&赛娜鼠．一起去野餐／（比利时）嘉贝丽·文生（Gabrielle Vincent）图·文；梅思繁译．
—上海：上海人民美术出版社，2006
ISBN 7-5322-4785-6

Ⅰ.艾… Ⅱ.①嘉… ②梅… Ⅲ.图画故事—比利时—现代 Ⅳ.I564.85

中国版本图书馆 CIP 数据核字（2006）第 027912 号
沪权图字：09-2006-133

艾特熊&赛娜鼠 —— 一起去野餐

图·文／（比利时）嘉贝丽·文生　翻译／梅思繁
责任编辑／张　燕　杜　蕾　美术编辑／谢　晶　装帧设计／莫　然
出版发行／上海人民美术出版社　经销／全国新华书店
印刷／恒美印务（番禺南沙）有限公司
开本　889×1194　1/16　印张／4
版次／2006 年 5 月第 1 版　2007 年 8 月第 2 次印刷　印数／6001-8000 册
ISBN 7-5322-4785-6/I·155　定价：46.00 元（全两册）

Ernest et Célestine vont pique-niquer

© 1982 by Casterman
Simplified Chinese translation text © 2006 by Hubei DOLPHIN MEDIA Co., Ltd.
and Shanghai People Fine Arts Publishing House.
Published by arrangement with Casterman.

本书经比利时 Casterman 出版社授权，由上海人民美术出版社独家出版发行。
版权所有，侵权必究。

策划：湖北海豚传媒有限责任公司
网址：www.dolphinmedia.cn　邮箱：dolphinmedia@vip.163.com
海豚传媒常年法律顾问：湖北珞珈律师事务所王清博士　电话：027-68754624

艾特熊&赛娜鼠

一起去野餐

【比利时】嘉贝丽·文生/图·文　　梅思繁/译

上海人民美術出版社

——你真的相信我们能把这些都吃完吗,艾特?
——当然啦!你知道,我们得出去一整天呢。

——仔细想想,赛娜,也许你是对的,东西太多了!
——可是,艾特,不算多呀!

——我们明天是不是一大早就出发,艾特?

——我们要出发啦！出发啦！晚上见，西蒙。我来了，艾特！

——你可别生气哦,我们去不成了:天下雨了!

——别,赛娜!别这样……天还没塌!

——听着,赛娜,听我说:我有个主意!

——要是我们假装天没有下雨呢?
——哦,对呀,艾特,对呀!!

——艾特,你说,我们还要戴上太阳帽吗?
——那当然,赛娜,当然得戴了。

——预备,出发!
——可真是的,艾特,你看多好的太阳啊!

——这将是一次绝妙的野餐!
——快走吧,赛娜,人家看着我们呢!

——你真是疯了,艾特,这种天气还带着这小家伙出门!

——放心吧,朋友,这雨不会伤着任何人的。

——"雨点儿往下落呀,落在大街上呀,落在人行道呀,啦啦啦,啦啦啦……"

——艾特,我们就搭在这里吧?

——哇,艾特,我们的小屋可真漂亮啊!

——我真的好开心呀!艾特,你呢?

——艾特,现在我们来玩点什么吧?
——听,赛娜,有人来了……

——你们在我的树林里干什么?这里可是我的私人领地。

——哦！先生您瞧，我们搭了个这么好的帐篷，您不会赶我们走吧？
——那，这次就算了……可是先生，您这把年纪，还在玩这种小孩子把戏！

——您先别走,主人先生,来喝杯热茶吧。
——哦,对啊,先生,来帐篷里一起坐会儿吧!

……那会儿,我对赛娜说:"要是我们假装是晴天呢?"

——那可不行，你们一定要来我家喝一杯。

——祝您身体健康,干杯!
——我亲爱的艾特,为这美好的一天干杯!